Tim Stahlhut

Vernachlässigung, Misshandlung und sexueller Missbrauch von Kindern

Mögliche Entwicklungsstörungen, Diagnostik und Hilfen

GRIN Verlag

Bibliografische Information der Deutschen Nationalbibliothek:

Die Deutsche Bibliothek verzeichnet diese Publikation in der Deutschen National-
bibliografie; detaillierte bibliografische Daten sind im Internet über http://dnb.d-
nb.de/ abrufbar.

Impressum:

Copyright © 2013 GRIN Verlag GmbH
Druck und Bindung: Books on Demand GmbH, Norderstedt Germany
ISBN: 978-3-656-93314-4

Dieses Buch bei GRIN:

http://www.grin.com/de/e-book/283825/vernachlaessigung-misshandlung-und-
sexueller-missbrauch-von-kindern

Entwicklungsstörungen. Vernachlässigung, Misshandlung und sexueller Missbrauch von Kindern

Tim Stahlhut M.A.
Kinder-und Jugendlichenpsychotherapeut,
klinischer Verhaltenstherapeut i.A.

Inhaltsverzeichnis

1. Einleitung

- Stand neuer empirischer Studien
- Noch Unterscheidung in Bereiche
- Belastungen treten nicht isoliert auf
- Studie von Wetzels (1997)
- Weitere Faktoren: Armut, Trennung der Eltern...
- Methodische Vorüberlegung

2. Vernachlässigung

- Kinder werden vernachlässigt, wenn sie von ihren Eltern oder Betreuungspersonen unzureichd ernährt, gepflegt, gefördert, gesundheitlich versorgt, beaufsichtigt und/oder vor Gefahren geschützt werden.

2. Vernachlässigung

- Kinder in schmutzigen Kleidung
- Alleingelassen
- Kalte Behausung
- Unsichere Umgebung
- Unterernährte Erscheinung

CHILD NEGLECT?

What does it look like?

These could be signs of neglect.

- Children in dirty or inadequate clothes
- Baby or child left alone
- Dirty or unsafe house or garden
- Poorly cared for family pets
- Violence in the home
- Abusive language
- Excessive punishments including hitting.

- Child at home on school days
- Children not fed properly or stealing food
- Lack of furniture and or clean bedding
- A cold house
- Lack of food or water
- Young child out on their own in the day or at night
- Visitors not welcome
- Isolated child

Some children are more at risk than others.
Children with disabilities or special needs may be at EXTRA RISK.

What can I do?

Don't ignore it tell someone!

What should I do?

Telephone any of the following:
NSPCC 0800 800 500   Social Services 01733 746460
Parentline 0808 800 2222   Police 01733 563232

Abb1; Illustration auf der ehemaligen Homepage des britischen Peterbourgh Area Child Protection Comitee

2.1 Definition von Vernachlässigung

- Bei emotionaler Vernachlässigung werden die kindlichen Grundbedürfnisse nach Wärme und Geborgenheit so wenig erfüllt, dass die normale Entwicklung des Kindes gefährdet ist.

2.2 Häufigkeit und Dunkelziffer von vernachlässigten Kindern

- Häufigste Form der Missachtung von Kinderrechten

- 900 000 Fälle von Kindesmisshandlung, davon 60% von Vernachlässigung

- Problem: Feststellung des <u>Schwellenwertes</u> und in Schutznahme der Eltern

2.3 Erklärungsmodelle

- Eltern zu sehr beschäftigt mit Problemen

- Chronisch kranke Eltern

2.4 Intervention

- Kinder in Heim oder Pflegefamilien
- Kinder bis 2 Jahren in neuen Familien, zeigen später mit 6 Jahren keine kognitiv oder soziale Auffälligkeit
- Dennoch lebenslange Folgen
- Anders bei emotionaler Vernachlässigung

3. Körperliche Misshandlung und Prügel

Verbal

Anfassen

Schlagen

Manipulieren

Nicht kümmern

Emotionale Bedürfnisse Ignorieren

Pornographie

Abb. 2: Illustrationen auf der Homepage der National Child Protection Authorities-Sri Lanka

3. Körperliche Misshandlung

- Prügel in Deutschland lange üblich

- seit 2000 ein explizites Verbot körperlicher Züchtigung

3.1 Definition von Misshandlung und

- Körperliche Misshandlungen sind Schläge oder andere gewaltsame Handlungen (Stöße, Schütteln, Verbrennungen, Stiche, usw.), die beim Kind zu Verletzungen führen können

3.2 Häufigkeit und Dunkelziffer von körperlich misshandelten Kindern

- USA Meldepflicht für Misshandlung und Vernachlässigung
- 4% in Krankenhäusern sterben
- Deutschland keine Meldepflicht

3.2 Häufigkeit und Dunkelziffer von körperlich misshandelten Kindern

- Repräsentativbefragung von 3285 Personen
- 40% regelmäßige körperliche Strafen, 10% Schwer-wiegende Körperstrafen, 5% Misshandlung
- Kriminalpolizeilichen Statistiken: 2000 Fälle pro Jahr
- Ansteigende Tendenzen 1985-1995 um 36,1%

3.3 Erklärungsmodelle

- ## Psychopathologisches Erklärungsmodell
  - Weitergabe der Gewalt über Generationen hinweg
- ## Soziologische Erklärungsansätze
  - Billigung körperlicher Bestrafung, Lebensbelastung, Mangel an sozialen Unterstützungssystem

3.3 Erklärungsmodelle

- Sozial-situationales Erklärungsmodell
  - eskalierende Konfliktsituationen
  - Verhaltensprobleme als Auslöser von Misshandlungen

3.4 Auswirkungen

- Bei Vorschul- und Schulkindern:
  - kognitive Rückstande
  - geringe Kompetenz
  - Probleme mit Gleichaltrigen

3.5 Intervention

- Genügend Interventionsansätze, jedoch keine Aussage über deren Effiziens
- In den USA wirksam:
  - min. 12 Kontaktaufnahmen über 6 Monate
  - ressourcenorientierten Ansatz mit sozialer Unterstützung
  - Familien aktiv beteiligen

4. Sexueller Missbrauch

Text durch Klicken hinzufügen

4.1 Definition

- Unter sexuellem Missbrauch versteht man die Beteiligung noch nicht ausgereifter Kinder und Jugendlicher an sexuellen Aktivitäten, denen sie nicht verantwortlich zustimmen können, weil sie deren Tragweite noch nicht erfassen.

4.2 Kategorien des sexuellen Missbrauchs

- Leichte Formen des sexuellen Missbrauchs (ohne Körperkontakt)
- Wenig intensiver Missbrauch (versuche die Genitalien des Kindes zu berühren)
- Intensiver Missbrauch (Berühren und vorzeigen der Genitalien mit zusätzlichem Masturbieren)
- Intensivster Missbrauch (Versuchter oder vollzogener Geschlechtsverkehr)

4.3 Häufigkeit

- In der polizeilichen Kriminalistik wurde für 1998 insgesamt 16.596 Fälle in Deutschland ausgewiesen.
- 1985 ca.10.417
- Ca. die Hälfte der Täter kommen aus dem bekannten Umkreis,1/4 aus der Verwandtschaft, 1/5 Fremdtäter
- Hohe Dunkelziffer

4.4 Opferverteilung des sexuellen Missbrauchs

- Frühe achtziger Jahren ein Verhältnis von Mädchen und Jungen ca. 9:1
- Neuere Studien aus dem Jahr 1998 belegen ein Zahlenverhältnis von 2:1 bis 4:1
- Jungen werden als Opfer des sexuellen Missbrauchs später entdeckt als Mädchen
- Besonders hohes Risiko bei geistig oder körperlich behinderten Kindern.

4.5 Betroffene Altersgruppen

- Alle Altersgruppen sind betroffen
- Besondere Häufung bei 10-13 Jährigen
- Im Durchschnitt ca. 11,5 Jahre
- Bei Inzest ca. 9,9 Jahre

4.6 Täter und Täterinnen

- Bei 97,5 % der weiblichen Opfer und 78,7% der männlichen Opfer sind die Täter männlich.

- Jedoch wird vermutet, dass die Zahl der Täterinnen unterschätzt wird.

4.7 Signale des sexuellen Missbrauchs

- Keine zuverlässigen Signale nach Fegert
- Wenig Erkenntnis über sexuelle Entwicklung von Kinder sowie deren Entwicklung ihres sexuellen Wissens

4.8 Diagnostische Möglichkeiten

- Beobachtung des Spielverhaltens mit anatomisch korrekten Puppen

- Spielverhalten in der Peergruppe

- Kinderzeichnungen mit Genitalien

- Spontane Berichte der Kinder selbst sind die zuverlässigsten Quellen für den sexuellen Missbrauch

4.9 Auswirkungen des sexuellen Missbrauchs

- Ängste
- Depressionen
- Aggressionen
- Verführerisches Verhalten
- Unangemessenes sexuelles Wissen
- Schulprobleme
- Alpträume
- Alkohol und Drogen Missbrauch

4.10 Verarbeitung des sexuellen Missbrauchs

Faktoren die zu einer Bewältigungen hilfreich sind:

- Liebevolle, unterstützende Familie
- Sexuelle Aufklärung mit klaren Grenzen zwischen den Generationen
- Es darf sich keine Mitschuld an dem Missbrauch geben
- Völlige Ablehnung des Täters
- Psychotherapie

5. Fazit

- Kindesmisshandlungen jeglicher Art führen zu Spätfolgen, die eventuell **leicht** bis **gar nicht** behoben werden können!
- Zu wenig Aufklärung an die Bevölkerung
- Rechtzeitiges Eingreifen kann schweren Entwicklungsstörungen entgegenwirken!

6. Literatur

Gabriele Amann, Rudolf Wipplinger (Hrsg.): Sexueller Missbrauch. Überblick zu Forschung, Beratung und Therapie. Ein Handbuch. 3. Auflage. DGVT- Verlag, Tübingen 2005

Heidrun Bründel: Sexuelle Gewalt in schulischen Institutionen. Hintergrund, Analysen, Prävention. Verlag für Polizeiwissenschaft: Frankfurt am Main 2011,

Jörg M. Fegert u.a.: Sexueller Kindesmissbrauch - Zeugnisse, Botschaften, Konsequenzen. Ergebnisse der Begleitforschung für die Anlaufstelle der Unabhängigen Beauftragten der Bundesregierung zur Aufarbeitung des sexuellen Kindesmissbrauchs, Frau Dr. Christine Bergmann, Beltz Juventa 2013,

R. Oerter, L. Montada (2008). *Entwicklungspsychologie.* Beltz Psychologie Verlags Union